MAINTENANT·LA·FRANCE·EST·ASSVREE.1609
Suscitauit
DEVS
Iusticiam
ACHEVAL
TROMPETE FRANCOIS

PROPHETIE
DU
COMTE BOMBAST
CHEVALIER DE LA ROSE-CROIX,
NEVEU DE THEOPHRASTE PARACELSE,

Publiée en l'année 1609.

Sur la Naissance miraculeuse de LOUIS LE GRAND, les circonstances de sa Minorité ; l'extirpation de l'Heresie, l'union de l'Espagne à la Maison de Bourbon.

Avec la destruction de l'Empire Ottoman, la future grandeur de la France, & la propagation de la Foy Catholique par tout l'Univers.

Expliquée & presentée au Roy par FRANÇOIS AZARY Docteur en Medecine.

A ROUEN,
Chez ANTOINE MAURRY Imprimeur ordinaire du Roy, au coin de la ruë Neuve S. Lo, à l'Imprimerie du Louvre.

M. DCCI.
AVEC PERMISSION.

Ne méprisez point les Propheties, éprouvez tout, & aprouvez ce qui est bon.

S. Paul aux Thessalon. Epist. 1. ch. 5.

AU ROY.

IRE,

Je prens la liberté de presenter à VOSTRE MAJESTE' *une Prophetie qui n'est pas indigne de son* attention. Elle ſera agréablement ſurpriſe de s'y reconnoître elle-même, & d'y voir marquées les actions les plus éclatantes de ſa vie.

Les prodiges de vôtre Régne, qui fait depuis quarante ans l'admiration de tout l'Univers, y ſont ſpecifiez avec un détail, qu'on ne ſauroit lire qu'avec un plaiſir extraordinaire.

Ces Prédictions ſont d'autant moins ſuſpectes, qu'elles nous viennent de la bouche d'un Etranger, né ſous une domination toûjours jalouſe de la grandeur & du bonheur de la nôtre.

Le Ciel avoit promis VOSTRE MAJESTÉ long-tems avant vôtre Naiſſance miraculeuſe, pour être l'Arbitre de la Paix & de la Guerre, pour rétablir l'adminiſtration de la Justice, bannir la fureur des Duels, faire fleurir le Commerce, rétablir les beaux Arts, favoriser les Sciences, extirper l'Heresie, assurer le bon-heur de vos Sujets, & porter la domination de vôtre Auguste Maison dans toutes les parties du Monde.

Ce sont tous ces grands évenemens, SIRE, qui sont prédits dans la Prophetie du Comte Bombast, & que non seulement les Siecles à venir ne pouront croire ; mais que nous n'aurions pas pû croire nous-mêmes, si nous n'en avions été les spectateurs.

J'ai crû que je ne pouvois pas mieux faire, que de publier ce que l'Esprit de Dieu a annoncé de merveilleux sur vôtre Sacrée & Royale Personne, à l'exemple de Daniel, *qui fit admirer à Cyrus ce qui avoit été prédit de lui un siecle avant sa naissance. Je suis,*

SIRE,

DE VOSTRE MAJESTÉ,

Le trés-humble, trés-obéïssant,
& trés-fidéle serviteur & sujet
F. ALARY Doct. en Medecine.

PREFACE.

LE Trompette François est un petit Livre qui parut en l'année 1609. Son Auteur se nomme lui-même le fidéle François. Ce Traité contient en Acrostiche la Prophetie du Comte Bombast.

L*eonum*
V*irtutem*
D*omabit ;*
O*rientem*
V*erberabit ;*
I*udicium ,*
C*onsilium ,*
V*nio*
S*anctorum.*

Ce qui signifie : LOUIS domptera la fierté des Lions, battra l'Orient, jugera plusieurs Nations, sera le Conseil & l'Union des Fidéles.

Ce Comte Bombast étoit originaire d'Allemagne, Chevalier de la Rose-Croix, Neveu de Theophraste Paracelse. Ce qui donna lieu alors à la publication de cette Prophetie, fut la connoifſance que le fidéle François fit d'un Gentilhomme Allemand, apellé le Chevalier Imperial, ami intime du Comte Bombaſt.

Il y a de l'aparence que le fidéle François étoit une perſonne de conſideration, qui entendoit parfaitement les affaires du monde, & qui voyageoit pour ſon plaiſir.

Il dit que comme il n'étoit pas d'humeur à ſuivre la Cour, ni à demeurer chez lui dans l'oiſiveté, il eut envie de voir le Païs. En 1602. il partit de France pour aller en Eſpagne, en Italie, en Flandres, en Allemagne & en Pologne. Il avoit toûjours un trés-bel équipage, & frequentoit les plus grands Seigneurs.

En l'année 1603. lorſqu'il étoit à Hambourg, il connut le Chevalier Imperial dont nous avons déja parlé. Ce Chevalier étoit un homme trés-honnête, civil aux Etrangers, & particulierement aux François, liberal, vertueux, ſobre, eſprit penetrant, ſubtil & ſçavant.

Les manieres du fidéle François plurent beaucoup au Chevalier. Ils firent une liaiſon ſi étroite, que le Chevalier apelloit le fidéle François ſon frere aîné. Il lui procura auſſi l'amitié du Comte Bombaſt, aprés lui en avoir fait une peinture comme *d'un Adepte, d'un tresor de Science infuse, d'un Salomon ressuscité, d'un Hermes Trismegiste, & d'un Aureole Paracelse dont il étoit neveu.*

Le fidéle François qui donnoit dans les Sciences curieuses, fut ravi de connoître le Comte. Il fit même dés la premiere entrevûë un si grand cas de son estime, qu'il lui demanda en grace de le recevoir pour sa seconde creature, comme il sçavoit que le Chevalier en étoit la premiere, lui protestant qu'il ne trouveroit jamais au monde un homme plus fidéle que lui jusqu'à la mort.

Le Comte condescendit à sa demande, & comme il ne lui étoit pas fort difficile de connoître l'interieur du fidéle François, qui étoit franc, sincere & selon Dieu, il lui enseigna plusieurs Secrets de la Nature; il lui dit tout ce qui lui étoit arrivé depuis six ans, & ce qui lui devoit encore arriver, l'avertissant d'être toûjours inviolablement attaché aux interêts de sa Nation.

Un jour lorsque le Comte étoit en conversation avec le Chevalier & le fidéle François, il les entretint de la Prophetie *Leonum Virtutem Domabit:* Il declara qu'elle regardoit la France, il ne voulut point alors en faire ouvertement l'explication, la reservant seulement au Chevalier qui avoit sa confiance entiere.

Cependant d'un autre côté le fidéle François mouroit d'envie de sçavoir le détail de cette Prophetie. Il pria tant le Chevalier de lui en faire part, qu'il lui promit de lui en donner quelque jour l'éclaircissement. Dans ce tems-là le fidéle François fut obligé de s'en retourner en France pour quelques affaires qui l'apelloient à Paris. Mais ce ne fut pas sans l'esperance de revoir au plûtôt son intime ami le Chevalier. A peine y eut-il resté quelques jours, que prest de repasser en Allemagne, il aprit que le Chevalier étoit allé en Espagne, pour des negociations importantes de l'Archiduc Ferdinand frere de la Reine. Il ne perdit pas un moment ; impatient qu'il étoit, & de l'embrasser & d'aprendre de lui, ce qu'il lui avoit promis touchant la Prophetie, il le fut aussi-tôt trouver à Madrid, où il leur arriva des contre-tems extraordinaires.

Ce fut-là qu'il lui en confia l'explication : Le fidéle François revint ensuite à Paris, où il fit imprimer le Trompette François, avec la Figure & la Prophetie du Comte Bombast, sur la future grandeur de la France. Il ajoûta à la fin de ce Livre un petit Traité de Philoſophie de la façon du Chevalier, contenant en Enigme le ſecret de conſerver la ſanté & la beauté des Dames, que nous nous ferons un plaiſir d'enſeigner aux perſonnes de merite qui nous feront la grace de nous en demander nôtre ſentiment.

Ces deux amis conſerverent toûjours une reciproque correſpondance enſemble par un commerce de Lettres ; mais le fidéle François fut bien ſurpris un matin, ſans y penſer, de voir le Chevalier lui rendre viſite à Paris. Il étoit parti en poſte de Bordeaux à ſon retour d'Eſpagne, dans la reſolution de ne vouloir plus jamais quitter Paris, ni ſortir de la France.

Comme ils étoient alors inſeparables & de cœur & d'intereſt, ils ſe mirent en diſpoſition de publier les Ouvrages du Comte Bombaſt, ceux de Paracelſe, & pluſieurs autres Traitez qui n'étoient pas moins curieux ; mais quelqu'affaire plus preſſante, dit le fidéle François, les en empêcha, ce qui fait que ces Ouvrages n'ont point paru au jour, ou ne ſont point parvenus à nôtre connoiſſance : & c'eſt auſſi ce qui nous oblige de nous contenter de la Prophetie dont nous allons donner l'explication, autant que les circonstances pouront le permettre. Nous l'accompagnerons de quelques Pronostics de Paracelse imprimez en l'année 1536. sur lesquels il semble que le Comte Bombast a aussi apuyé ses Prédictions.

J'ai eu l'honneur d'en offrir au Roy plusieurs autres touchant les revolutions singulieres qui doivent arriver dans le monde; mais pour de justes raisons, & à cause de la conjoncture des affaires presentes de l'Europe, il n'est pas permis de les reveler ici. On laisse à la curiosité du Public la lecture de ces Pronostics dans leur source pour les deviner. Tout ce qu'on peut dire, c'est que leur accomplissement sera l'Ouvrage de LOUIS le Grand, & que le tems de l'execution est peut-être plus proche qu'on ne pense.

Les chifres que l'on cite à la marge marquent les pages du Trompette François & les Figures de Paracelse que l'on explique, sont contées par les numero.

PROPHETIE

PROPHETIE DU COMTE BOMBAST.

L*eonum*
V*irtutem*
D*omabit* ;
O*rientem*
V*erberabit* ;
I*udicium*,
C*onsilium*,
V*nio*
S*anctorum.*

EXPLICATION.

POUR bien entendre cette Prophetie, il faut remarquer que les lettres capitales de chaque mot dont elle est composée, forment le nom du Roy *LUDOVICUS*.

Ce qui signifie : *LOUIS domptera la*

fierté des Lions, battra l'Orient, jugera plusieurs Nations, sera le Conseil & l'Union des Fidéles.

Ce LOUIS ne peut être que LOUIS XIV. parce qu'en l'année 1609. le fidéle François faisant imprimer son Livre, ne poussoit des vœux au Ciel que pour voir aprocher le tems de la naissance du Prince, au destin duquel la grandeur & la felicité de la France étoient attachées : Car alors LOUIS le Juste de glorieuse memoire étoit né, & avoit déja huit ans; c'est ce qui fait dire au fidéle François.

19. *J'aspire aprés la nativité de mon Prince, & à l'avenement de nôtre Salomon.*

10. *Mes discours serviront pour un autre à un autre tems, s'il plaît à Dieu; le Ciel le promet; à sa nativité vous l'entendrez & comprendrez. Les particularitez sont à cacher, l'évenement les dévelopera.*

29. *La partie est remise pour un autre à un autre tems; car à l'égard de la Religion je la laisse à Dieu, cela n'a rien de commun avec l'Etat, j'en vois le remede dans la nativité de mon Prince, qui sçaura venger & rétablir l'honneur des Autels.*

Ainsi la Prophetie du Comte Bombast

bast ne regardoit point LOUIS XIII. l'Esprit de Dieu auteur de cette Prédiction voulant signifier la naissance de LOUIS le Grand à present regnant. En effet lorsque le fidéle François dans la Figure qui se trouve à la tête de cet Ouvrage, dit au passé, *suscitavit Deus justitiam*, & qu'ensuite parlant de son Prince Fils adoptif du Ciel, il ajoûte, *Tu recevras le conseil de ton Pere JUDICIUM*; peut-il mieux designer LOUIS XIII. lui qui a été surnommé le Juste, & que Dieu fit naître, *suscitavit*, pour être le Pere de celui qui seroit la Colonne à laquelle devoit être attaché le Lion, *Judicium*.

Le Lion est l'Espagne qui devoit chercher son apui dans l'Auguste Maison de Bourbon. La Colonne est LOUIS XIV. nôtre invincible Monarque, pour qui cette Prophetie a été faite. Nous allons voir que les circonstances de sa naissance & de sa minorité, s'accordent parfaitement bien avec les promesses du Comte Bombast.

PROPHETIE.

O Heureux Enfant arraché du Ciel 77.
par nos Prieres, Fils adoptif du

79. *Ciel, Agneau donné de Dieu, Splendeur de la France, Gloire du Sang de Bourbon, combien de bien t'est préparé! O Dieu tout-puissant conserve ton oingt, ce* Dei-datus *de la France, car il est trés-necessaire.*

Epître du Cheval. Imp.

EXPLICATION.

Pour peu qu'on ait lû l'Histoire de France, on connoîtra facilement que jamais Dauphin a été plus desiré que LOUIS XIV. il avoit été longtems attendu, & même prophetisé comme un Prince qui devoit porter la Monarchie Françoise au point de grandeur où nous la voyons presentement.

LOUIS XIII. & Anne d'Autriche étoient mariez depuis long-tems sans avoir d'Enfans. On étoit même hors d'esperance d'avoir un Successeur; toute la France étoit en Vœux. La Reine en fit un à Lorette: Le Roy en promit un autre à Nôtre-Dame de Paris, quand la Reine accoucha d'un Fils à Saint Germain en Laye, le 5. Septembre 1638. à onze heures, vingt-deux minutes avant midi.

Par tout le Royaume & dans les Païs Etrangers, ce ne furent que réjoüissances. Les François rendirent des témoignages publics de leur reconnoissance envers Dieu qui avoit exaucé leurs Prieres. L'on fut même beaucoup moins sensible à l'éclat des victoires que l'on venoit de remporter sur l'Allemagne & sur l'Espagne, qu'à l'esperance des biens qu'on avoit lieu de se promettre de la naissance miraculeuse du Dauphin. On l'apella de Dieu-donné, *à Deo-datus*, & comme s'explique trés-bien le Chevalier Gomez Officier de la Reine Mere dans son Livre Espagnol, intitulé *Lüis dado de Dios.*

Que mucho que Sü Mageſtad coſtasse 24. años de esperança, pues es tan caro un primogenito dado de Dios. Tubo Lüis XIV. de su parte à Dios, desde el dia de su dichoso nacimiento, que asi como fue venido por milagro, à una vox le acclamaron Lüis dado de Dios, *no solo sus vassallos sino los estraños, admirandose el orbe de tan conocido misterio, de tan notorio milagro y de tan impensado fabor de la omnipotencia divina.*

C'est-à-dire, pourquoi s'étonner si l'on a attendu pendant l'espace de vingt-quatre ans la naissance de LOUIS XIV. puisqu'un Fils aîné Favori de Dieu doit cherement coûter, & être long-tems desiré. Il ne fut pas plûtôt venu au monde, qu'on lui fit porter le nom de Dieu-donné, les Etrangers également comme les François reconnoissans la grace particuliere que le Ciel faisoit à la France pour son soûtien & pour sa prosperité.

PROPHETIE.

78. *Alarme ! arriere de mon Prince ! que met-on dans les planches de cette Colonne ? On veut la renverser. Oüi, oüi, alarme, un Arcenius à cet Enfant ; gardons-le précieusement, où est le juge-*
21. *ment ?* Los enemigos tienen muchos creados en Francia : *Nos ennemis entretiennent beaucoup de creatures en France pour nuire à nôtre Agneau donné de Dieu.*

79. Gallus à vulpibus vix poterit in infirmitate sua salvari. *Cela est dit à sa nativité, Nativité qui porte d'admirables mysteres : A peine le Coq, le Dauphin étant en son bas-âge, en son infirmité, poura se sauver des embûches des traîtres dissimulez, des Renards ; il y a diversité de Renards : J'en doute un*

&

& plusieurs, qui potest capere, capiat. *Que puis-je donc faire davantage que d'avertir, & notez qu'il en arriveroit mal si l'on me negligeoit ? Pour moy je veillerai toûjours, & serai à la garde de mon Prince.*

EXPLICATION.

CE n'étoit pas sans raison que le fidéle François prévoyoit les embûches que l'on tendoit à son Prince desiré. Nous savons par l'Histoire du Roy, qu'après la mort de LOUIS XIII. il y avoit de la mesintelligence parmi les Grands ; l'Etat étoit dans un mouvement convulsif, & dans un remuëment extraordinaire. Les Provinces n'avoient jamais été dans une si grande broüillerie qu'elles se virent alors. Tous ces troubles étoient excitez par les Ennemis, & fomentez par les Protestans.

La chose vint même jusqu'à un tel point, que soit pour l'ambition ou la haine des Grands, soit pour la jalousie qu'ils avoient pour les Ministres les mieux intentionnez, l'Etat ne souffrit jamais une plus violente secousse.

Paris ne se trouva pas moins impliqué que les Provinces dans les malheurs publics, & le Roy fut obligé d'en sortir pour aller chercher sa sûreté ailleurs : c'est à cette occasion que le fidéle François dit que le Coq, le Dauphin, ne poura qu'avec peine, & par une singuliere protection du Ciel, éviter les embûches de ses ennemis. *Gallus à vulpibus vix poterit in infirmitate sua salvari.*

C'est-à-dire, que plusieurs personnes mécontentes & mal intentionnées au dedans & au dehors du Royaume, voudroient conspirer contre ce Prince dans son bas-âge ; mais qu'un Arcenius l'empêcheroit. C'étoit le Cardinal Mazarin, qui par la prudente conduite qu'il avoit aprise dans l'école de Richelieu, devoit détourner ce fâcheux desastre ; & bien loin que la France succombât sous l'effort de ses Ennemis, elle devoit devenir plus florissante que jamais. Ce qui est arrivé par la grace de Dieu.

PROPHETIE.

78. *HEureux Jehu qui nettoyeras l'ordure d'Achab de Jésabel ! Heureux Salomon qui seras assis sur le Siege du vaillant David ! Heureux, trois fois*

heureux Enfant, Dieu te conservera pour le loüer !

Fidéles François soyons en Prieres ferventes pour la gloire de Dieu & la conservation de ce Prince.

EXPLICATION.

IL est aisé de voir que nôtre Prophete compare l'ordure d'Achab & de Jésabel, c'est-à-dire leur idolâtrie, avec l'erreur du Calvinisme.

Par ce Jehu donc qui nettoyeroit l'ordure d'Achab de Jésabel, est figuré LOUIS XIV. qui devoit extirper entierement l'Heresie.

Tous ses Prédecesseurs l'avoient tenté, mais à peine avoient-ils coupé une tête à cette Hydre, qu'il en renaissoit une autre, jusqu'à être obligez d'accorder aux Protestans les Edits de Nîmes & de Nantes au préjudice de la Religion Catholique, & de leur Souveraineté.

Il étoit reservé à nôtre Hercule de porter les derniers coups à ce monstre.
Pour la Religion je la laisse à Dieu, j'en 29.
vois le remede dans la nativité de mon
Prince ; sauf la croyance qui ne touche à 35.
l'Etat, Dieu y pourvoira.

Il y a bien pourvû, puisque le Roy est venu à bout de nettoyer l'ordure d'Achab de Jésabel, c'est-à-dire de guerir la plus dangereuse de toutes les maladies d'une Monarchie, avec des remedes aussi doux & prompts que ceux dont il s'est servi.

Si l'on examine la difficulté de l'entreprise & les moyens qui y ont été employez, on conviendra qu'il faloit un Salomon aussi sage, & un David aussi ferme que LOUIS le Grand, pour conduire & mettre en execution un si grand dessein; Dessein qui devoit être accompli avant l'union de l'Espagne à la Maison de Bourbon, qui est le commencement de la Prophetie du Comte Bombast, dont voici l'avant-coureur.

PROPHETIE.

LEONUM VIRTUTEM DOMABIT.
LOUIS domptera la fierté des Lions.

1. *A Cheval, à cheval François, qu'attendez-vous ? Pourquoi tardez-vous ? L'Ennemi est foible, divisé, confus : n'attendons plus qu'il respire, qu'il ne nous prévienne par le tems, comme il avoit*

conspiré pour la desolation de la France.

A cheval, à cheval, les Ennemis sont à nous, jamais plus de crainte de leur trahison ; ils ne peuvent plus resister. Dieu est pour nous. Le courage, la force, la valeur, le tems, l'occasion, la justice, tout nous y convie ; le droit nous accompagne, tout est à nous.

Ah ! Prince où es-tu ? France ré- 21.
veille-toi : Voyons comment ce bien-heureux Enfant fera ce qu'en dit le Comte Bombast.

EXPLICATION.

L'Etat present des affaires d'Espagne est un certain témoignage de la verité de nôtre Prophetie. Cette Monarchie commençoit à être sur le point de sa ruine. Charles II. de glorieuse memoire, étoit malade depuis fort longtems, sans esperance que sa santé pût être rétablie ; la Couronne n'avoit point d'Heritier, & les Ministres & autres Grands d'Espagne étoient dans la partialité, lorsque Dieu voulant relever l'éclat d'un aussi puissant Royaume, permit qu'il y eût entre deux Nations aussi contraires, comme la Françoise & l'Espagnole ; une trés-étroite union, & une parfaite intelligence.

C'eſt-à-dire, pour ne point m'éloigner de la penſée du fidéle François, que le Lion ne devoit plus s'épouventer au chant du Coq, mais s'accoûtumer avec cet aimable Oiſeau, qui par ſa vigilance ſeroit non ſeulement le conſervateur, mais encore le reſtaurateur de ſon repos & de ſa premiere ſplendeur.

En effet, quoi de plus étonnant, que ce Lion qui étoit la terreur de l'Univers il n'y a pas un ſiecle & demi, ſoit ſi facilement devenu domeſtique : c'eſt ainſi que Paracelſe le repreſentoit dans ſes Pronoſtiçs, Figure IX.

Quod hanc beſtiam truculentam terrore ac timore ingenti homines nunc horreant, non eſt ſine numine divino. Verum habet & hic terror ſuum terminum; nam ea ferula quæ ſuper eum divinitus ordinata eſt, illius fractura eſt ferociam atque ſævitiam, planeque elumbem ipſum efficiet; ita ut homines qui antea tremore hujus beſtiæ perculſi erant, admirabundi in ſtuporem quaſi rapti dicturi ſint : numquam exiſtimaviſſemus quod hæc tantilla ferula tam ſubito domitura eſſet tantum alioquin & tam efferum Leonem : quare in omnibus finis eſt conſiderandus.

Ce n'est pas sans raison, dit-il, que le Ciel a rendu ce Lion aujourd'hui si formidable. Sa fierté ne durera qu'un tems; celui que Dieu a destiné pour le ranger, le rendra doux comme un Agneau; ce qui fera dire avec étonnement à ceux qui l'aprehendoient auparavant, *nous n'aurions jamais pensé qu'il eût été possible d'aprivoiser un si fier animal.* Nous voyons bien à present qu'il faut faire plus d'attention à la fin d'une entreprise qu'à son commencement.

Le voila rendu ce Lion, il a plié devant le Coq; mais aussi il a falu toute l'adresse & la prévoyance de LOUIS le Grand. Disons mieux, ce changement & cette mansuetude ne peut être autre chose que l'ouvrage du Ciel? Car enfin ce n'a pas été tant au hazard qu'à la prédilection de Dieu, que LOUIS a sû faire réüssir ses desseins, *Non est sine numine divino.*

Dans la derniere Paix, lorsqu'on vit le Roy abandonner tous ses Lauriers pour une branche d'Olivier, c'est-à dire sacrifier toutes ses Conquêtes au repos de l'Europe & de ses Sujets; qui ne croyoit que la Maison de Bourbon devoit être frustrée à jamais des droits qu'elle avoit ſur l'Eſpagne ? Cependant, choſe incroyable, c'étoit en ce moment que le Dieu des Armées favoriſant toûjours les entrepriſes de nôtre invincible Monarque, lui montra encore plus particulierement de combien de graces il avoit reſolu de le combler, en lui inſpirant le deſſein du Traité de Paix, qui a été le fondement des grands évenemens que nous admirons preſentement.

Ainſi dans le tems que les bornes de ſa Maiſon sembloient ſe racourcir, c'étoit pour lors que le Ciel de concert avec les Conſeils du Roy, travailloit à l'amplifier par l'union de la Monarchie la plus vaſte de l'Univers. Projet qui a été ſi heureux, que tous les Grands & les Peuples des Royaumes d'Eſpagne en ont demandé eux-mêmes l'execution avec une ardeur toute ſinguliere !

Preſque tous les Princes de l'Europe en ont reconnu la juſtice, & Charles II. dans ſon Teſtament a témoigné à toute la Terre ſur le point d'aller paroître devant Dieu, que ſa conſcience l'obligeoit à déclarer lui-même les droits que la Maiſon de Bourbon avoit ſur tous ſes Etats. Voici comme il s'en explique.

Recon-

Reconnoissant, dit-il, par les consultes qui ont été faites par divers Ministres d'Etat & de Guerre, que la raison sur laquelle est fondée la renonciation d'Anne d'Autriche ma Tante, & de Marie-Therese ma Sœur Reines de France, à la Succession de ce Royaume, fut d'éviter l'inconvenient qui se seroit ensuivi en unissant l'Espagne à la Couronne de France.

Subsiste el derecho de la Succession en el pariente mas immediato conforme a las Leyes destos Reynos, y oy se verifica este caso en el Hijo secondo del Delphin de Francia.

C'est-à-dire, le droit de succession subsiste en faveur du plus proche parent, suivant les Loix de ce Royaume; & aujourd'hui le cas se verifie dans le second Fils du Dauphin de France, & pour ce sujet me réglant ausdites Loix, en cas que je vienne à mourir sans Enfans, je declare pour mon Successeur le Duc d'Anjou second Fils du Dauphin de France; & comme tel, je l'apelle à la Succession de tous mes Royaumes & Seigneuries, sans en excepter aucune.

Il faloit bien que le feu Roy d'Espagne fut persuadé du bon droit de la

France, pour s'énoncer dans les termes que nous venons de citer; & c'est aussi pour condescendre aux intentions de ce sage Prince, que LOUIS le Grand & Monseigneur le Dauphin se sont volontairement démis de toutes leurs prétentions sur l'Espagne en faveur du Duc d'Anjou, bien que sans balancer, Monseigneur le Dauphin en fût le legitime Heritier, & aprés lui, Messeigneurs ses Enfans.

Enfin la Prophetie est accomplie; tout y a contribué, la force, la valeur, l'occasion, le tems & la justice. *Maintenant la France est assurée.* Le Lion est attaché à la Colonne misterieuse, c'est-à-dire, l'Espagne est unie à la Maison de Bourbon; la gloire en soit à Dieu.

PROPHETIE.

ORIENTEM VERBERABIT.
LOUIS battra l'Orient.

82. *CE César pour les Conquêtes, cet*
invincible Guerrier. Oüi, oüi, il
en faut venir là pour l'execution &
55. *pour la ruine du Turc! il la tient*
certaine dans nôtre celestiel LOUIS:

Dum Gallus cantabit, Turca peribit.
Quand le Coq chantera, le Turc perira. Il faut aller planter la Croix dans le Croissant; cette Guerre est juste, utile à l'Allemagne, agreable à Dieu & aux 58
Gens de bien : Benjamin est prest pour ruiner ce Mahomet affronteur.

EXPLICATION.

UNe partie de cette Prophetie ne souffre plus de difficulté. LOUIS battra l'Orient. Tout le monde sait que le Roy a fait restituer il y a plus de dix ans, les lieux Saints aux Chrétiens de l'Eglise Latine, qui ont une liberté toute entiere d'y celebrer les Divins Offices.

LOUIS le Grand a mis à la raison toute la Côte de Barbarie liée d'interest avec la Maison Ottomane. Il a châtié en differentes années Tripoli & Alger, ces Nations qui mettent toute leur industrie à pirater sur les Mers, & à rançonner tous les Bâtimens Marchands de l'Europe. On coula à fond force Vaisseaux Tripolins. Mr du Quesne en brûla huit dans le Port de Chio; le Maréchal d'Estrées Vice-Amiral de France bombarda leur Ville quatre années ensuite, & ce ne fut qu'aprés s'être soûmis à la volonté du Roy qu'il leur donna la Paix une seconde fois.

Les Algeriens les plus fameux de ces Pirates fiers d'avoir bravé la puissance de Charles-Quint, avoient eu la hardiesse de declarer la guerre au Roy. Pour les en punir, Alger fut bombardé trois fois ; ils rendirent à la seconde fois six cens Esclaves sans rançon : ils furent si maltraitez à la troisiéme, que quelques secours que leur offrissent & les Genois & les Espagnols, ils envoyerent en France demander pardon & la paix.

La seconde partie de la Prophetie concerne la destruction de l'Empire Ottoman. Paracelse nous l'a fait sensiblement toucher au doigt dans son XXI. Pronostic. Il viendra un tems, dit-il, qu'il faudra aller revoir le Turc pour jetter son Trône par terre. Il abandonnera son Païs, & sera reduit à une telle extrémité avec ses adherans, qu'il ne s'en relevera jamais. Il peut être assuré, qu'on foüillera, pour ainsi dire, jusqu'au fond de ses entrailles pour le détruire.

Quiete partâ, fracti erunt tui subsidiarii

diarii, debilitatique tui canes venatici. Tempus erit te rursus invisere; deturbabitur nidus tuus unà cum pullis tuis, cedes & relinques omnia præter sententiam tuam. Implicaberis illis laqueis, quos alteri tetenderas & in æternum ad pristinum statum non devenies. Excideris omnino cum filiis tuis qui in te sunt; atque nihil in te est, quod non rimetur, peragretur ac destruatur, hoc certo scias.

Les Turcs s'attendent aussi à être exterminez par les François, dans une autre Prophetie qui est extrémement aprehendée chez eux depuis long-tems, *La Spada de'i Francesi deve tutti cacciarci della Europa ed arroinare il Imperio del Propheta.*

C'est-à-dire l'Epée des François chassera les Turcs de l'Europe, & renversera l'Empire de Mahomet. *Dum Gallus cantabit*, quand la France sera sur son plus haut point de gloire, que le Coq aura fait la Paix avec le Lion, *Turca peribit*, le Turc perira, le Trône de Constantinople sera renversé, & les François arboreront la Croix dans tous les lieux d'où la tirannie de Mahomet l'avoit arrachée. *Oüi, oüi, il en faut venir là pour l'execution, le Turc tient sa ruine certaine dans nôtre celestiel LOUIS, cette guerre est juste & utile à l'Allemagne.*

C'est-à-dire, que la France & l'Allemagne pouront faire bien-tôt une sainte Ligue pour fondre sur cet ennemi du nom Chrétien; & il y a d'autant plus d'aparence, que c'est presque l'unique moyen de terminer les differens qui sont entre l'Empereur & le Roy d'Espagne touchant le Milanez. On sait que le Roy de France y avoit aussi des prétentions qu'il a cedées à son petit-Fils pour le bien de la Paix. Il ne seroit pas difficile de croire que l'Empereur abandonnât aussi les siennes, dans l'esperance qu'il seroit recompensé du côté de l'Orient. La France auroit toûjours les premiers honneurs de cette entreprise, *Dum Gallus cantabit. Benjamin est prest*, c'est-à-dire le bien-aimé de Jacob, LOUIS LE GRAND ce bien-aimé de Dieu, ce Fils aîné de l'Eglise est destiné du Ciel pour l'aneantissement de l'infidélité Mahometane, & pour l'exaltation de la Sainte Eglise.

PROPHETIE.

JUDICIUM.
LOUIS jugera plusieurs Nations. 78.

HEureux Salomon qui seras assis sur le Siege du vaillant David, & qui recevras le conseil de ton Pere JUDICIUM ! Ta prudence sera gran- 82.
de envers plusieurs Peuples. Tu les jugeras saintement, & tu donneras à un chacun droit & justice.

EXPLICATION.

JAmais le mot *Judicium* ne conviendra mieux qu'à LOUIS XIV. Aprés avoir réformé la justice & banni les longues procedures de la chicane, il a fait refleurir avec tant de pompe la Majesté des Loix, que la Prédiction nous fait augurer que tous les Peuples de la terre se feront un plaisir d'entendre les Oracles de sa bouche, & de parler la Langue de cet Empire, comme l'Italie en a déja le pressentiment dans ces Vers.

Mà so ben io quel che averrà un dì,
Che così fosse mio tutto il Perù,
Como tutti diremo, oüi, oüi.

C'est-à-dire, je voudrois être aussi

certain de posseder le Perou, comme je suis persuadé que nous parlerons tous François. Tant il est vrai que sous nôtre Auguste Monarque doit renaître l'unité du langage que la confusion de Babel détruisit autrefois. Le tems paroît n'en être pas fort éloigné.

Paracelse en nous marquant précisément les circonstances proches de ces évenemens singuliers, represente dans son XXVI. Pronostic, une Couronne qui jette des racines profondes de tous côtez. Au dessus il y a une Rose fleurie avec la lettre F. pour signifier que toutes ces choses arriveroient, quand la Rose, c'est-à-dire la Maison de Savoye, auroit fait alliance avec la Couronne de France designée par l'F, comme nous avons le bonheur de le voir par les Mariages des deux Princesses de Savoye, Madame Adelaïde avec Monseigneur le Duc de Bourgogne, & Madame Marie-Loüise-Gabrielle avec Philippes V. Roy d'Espagne, qui sont les racines qui doivent s'étendre si loin.

Le XXVII. Pronostic de Paracelse le confirme encore. Il fait voir cinq Epées soûtenuës de cinq bras sortans d'un même endroit. La premiere, qui est la dominante, est élevée vers le

Ciel, pendant que les quatre autres sont comme dans la disposition de se battre. Ce Pronostic est trop clair & trop litteral, pour ne pas connoître que ce sont les cinq Princes de la Famille Royale, à savoir le Roy, Monseigneur le Dauphin, le Duc de Bourgogne, Philippes V. Roy d'Espagne, & le Duc de Berry, qui concoureront ensemble à consommer les grands Ouvrages que le Ciel nous promet, & qui donneront à leur Maison, la stabilité dont parle Paracelse, *solidum Imperium, fundatum super firmam petram.* Par cette pierre est marquée la Colonne misterieuse de nôtre Prophete & cette Colonne est LOUIS LE
GRAND, *Dominateur redoutable,* 30.
l'Honneur Paternel, Hercule invincible; en un mot, le Conquerant du monde.

PROPHETIE.

CONSILIUM.

82. *LOVIS sera le Conseil de plusieurs Peuples.*

O Dieu Tout-Puissant communique ton intelligence à mon Prince ! Je te suplie conserve ce Roy, ton oingt, nôtre Salomon, puisqu'il a un saint zéle pour toy, & ta crainte pour conduite !

EXPLICATION.

TOut l'Univers admire la grandeur du Génie du Roy. C'est principalement sa sagesse que nôtre Prophete veut exprimer, quand il l'apelle son Salomon ; & c'est aussi un titre qui lui a été donné avec justice, & dont il remplit parfaitement l'idée.

Ce Prince a toûjours fait paroître un discernement surprenant dans les affaires de l'Etat, comme dans celles de la Religion, dans la Paix comme dans la Guerre. Toutes ses actions font éclater sa prudence, sa penetration, & son conseil. C'est la sagesse de ses

Conſeils qui a porté la Régence d'Eſpagne à avoir une entiere ſoûmiſſion pour tous les ordres de ce Monarque. Elle veut non ſeulement prendre des lumieres de Sa Majeſté dans les conjonctures preſentes, mais elle a ordonné encore à tous les Vicerois, Gouverneurs, Alcaldes, Adelantades & autres Miniſtres de la dépendance d'Eſpagne, de ſuivre les reſolutions du Roy dans les affaires qui ſe preſenteront pour être conſultées, & de recevoir ſes Ordres, comme s'ils étoient dépêchez de Madrid.

Ne devient-il pas par là le Conſeil, le Génie & l'Arbitre de preſque tous les Peuples qui vivent dans l'un & l'autre Hemiſphere : LOUIS ſera le Conſeil de pluſieurs Nations, *Conſilium.*

C'eſt ce que confirme Paracelſe dans ſon VIII. Pronoſtic, où il fait paroître un Bras tenant une Epée, qui défend une Couronne attachée à la garde, ſous la protection d'un Soleil. Ce Bras eſt la Puiſſance de LOUIS XIV. qui protege ſes Etats & ceux de ſon petit-Fils par les Conſeils du Ciel.

Quia omnia in manu Dei potenti ſita ſunt, qui largitur cui vult qua largien-

da sunt, frustra conantur homines adversus, quod aiunt stimulum recalcitrare. Facessant itaque & valeant humana consilia, ea omnia invenêre terminum. Non est adversus Dominum prudentia, neque consilium, neque potentia.

Tout est sous la dépendance absoluë de Dieu, il répand ses rayons sur qui il lui plaît. C'est en vain que l'on prétend aller contre ses volontez ; la prudence, le conseil, & la puissance des hommes, ne lui peuvent donner aucune atteinte.

PROPHETIE.

UNIO SANCTORUM.

78. *LOVIS sera l'Union des Fidèles.*

HEureux nouveau David, qui rëüniras les lignées d'Israël en une,
qui remettras Jerusalem & Samarie en
35. *un Autel ! Beni soit le Seigneur, il fera*
de son monde un Autel & une Foy !
O bon Dieu ! conserve ce Prince pour ta
82. *gloire. Cela soit ta sainte volonté, cela*
est en toy, cela est de toy, afin que ton
Saint Nom soit exalté de tous, & pour
le salut de tes creatures.

EXPLI-

EXPLICATION.

CEtte Prophetie eſt le but des précedentes. Les avantages que nôtre Prophete donne à LOUIS LE GRAND dans les commencemens de l'Acroſtiche, doivent ſe terminer à l'union des Saints qui en eſt la fin glorieuſe ; c'eſt-à-dire, que tout ce que Dieu lui a accordé de merveilleux juſqu'à preſent, il ne l'a fait que pour lui donner des moyens plus efficaces de porter la Foi aux deux bouts de la terre : c'eſt à quoi le Roy s'eſt employé de tout tems avec autant de zéle que de ſuccés. Il a commencé par l'extirpation de l'Hereſie dans ſon Royaume ; il a exhorté les Princes & les Rois Heretiques ou Infidéles à embraſſer la Religion Catholique, & dans tous les Traitez qu'il a fait, il en a toûjours procuré l'avancement.

Il a envoyé dans toutes les parties du monde des Miſſionnaires, qui ont prêché l'Evangile avec des progrés incroyables dans l'Empire de la Chine, dans les Indes, les Royaumes de Siam, l'Afrique & l'Amerique.

Le Pronoſtic XXIII. de Paracelſe repreſente toutes ces ſaintes entreprises par trois Prédicateurs qui annoncent par tout une même Religion. *Omne Regnum in se divisum desolabitur, & nisi unitate doctrinæ tum vitæ homines copulentur, futura est perpetua confusio. Quemadmodum enim tres personæ in divina existunt triade & unitate complentur, sic & eadem unitas homines decet: itaque unum Ovile futurum est sub uno Pastore, duce & Imperatore.*

Ce qui signifie, tout Royaume divisé sera desolé; & si les hommes ne sont unis sous une même Loi, comme les trois Personnes de la Sainte Trinité le sont en une Divinité, la confusion régnera par tout. Il n'y aura donc plus qu'un Pasteur, & un Autel par tout le monde. *Unio Sanctorum.*

PROPHETIE.

33. *CEci sont Propheties, mysteres & veritez. Croyez ce qu'en dit le grand Bombast: C'est un homme qui en sait plus que nul autre; il en peut parler, il a eu une science infuse en nais-*
20. *sant. O personne, me direz-vous, ne peut savoir l'avenir! Voyez les Centuries de Nostradamus, sont-elles verita-*

bles ? Oüi. Mais ce Bombaſt eſt bien un autre Perſonnage.

Voila chers Freres, fidéles François, ce que je veux vous dire preſentement : Cet Ecrit ſera de grand profit pour la France. J'annonce le bien, j'avertis que l'on évite le mal. Mais uſons de l'occaſion, & la ſachons prendre, afin que Dieu ne nous condamne. Prions donc ſa Toute-Puiſſance, qu'elle nous conduiſe en paix par ſon S. Eſprit, & attendez ſelon les occurrences de mes avis, tout bien de moy, avec la grace du Seigneur. Amen.

EXPLICATION.

SI nous n'avions pas vû de nôtre tems & de nos propres yeux, l'Heresie détruite & l'Eſpagne unie à la Maiſon de Bourbon, nous aurions de la peine à ajoûter foy à la Prophetie du Comte Bombaſt. On auroit dit il y a cinquante ans, que cet Homme incomparable contoit des fables & des rêveries. Cependant toutes ſes paroles renfermoient autant de miſteres que l'évenement nous a manifeſtez. Il faut en cela lui rendre juſtice, & reconnoître qu'il a été inſpiré de Dieu non ſeulement pour penetrer dans les ſecrets de la nature, mais encore pour percer dans l'avenir.

Ce qui nous fait voir agreablement juſqu'à quel prodigieux nombre d'années, doit s'étendre le glorieux Régne de LOUIS LE GRAND. Car puiſque dans l'eſprit du Comte Bombaſt & de Paracelſe ſon Oncle, la Prédiction *Leonum Virtutem Domabit*, ſemble ne commencer qu'au moment de l'union de l'Eſpagne à la Maiſon de Bourbon, c'eſt-à-dire en cette preſente année 1701. & qu'elle doit durer pendant quarante-quatre ans, *per quadraginta quatuor annos duratura*, on peut conjecturer que Sa Majeſté doit voir juſqu'à la cinquiéme generation pour achever toutes les merveilles qui nous reſtent de cette Prophetie, & qui ne ſeront pas moins veritables que ce que nous en avons déja vû par le paſſé.

Dans l'expl. de Paracelſe.

Alors, dit Paracelſe dans ſon XXXII. Pronoſtic, où paroît un Vieillard fatigué ſe repoſant ſous un Arbre à l'ombre du Soleil ? Aprés tant d'immenſes travaux, l'Auguſte Monarque LOUIS LE GRAND fera revivre à l'ombre de ſes Lauriers un nouveau Siecle d'Or ; *Multo ſudore & labore*

conatus

conatus est reformare mundum, magnus ut ab integro nascatur sæculorum ordo, merito itaque & exacto labore quiescet, felix ille futurus qui sub hac quiete & somno prediturus est.

On dira de lui dans l'abondance & dans la prosperité où se trouveront bien-tôt ses Sujets, ce que l'Ecriture dit du pacifique Salomon, *Unusquisque sub ficu suâ manducabit panem suum*, chacun mangera sous sa Vigne & sous son Figuier son pain avec joye, paix & satieté.

Fasse donc le Ciel que Sa Majesté avec la Royale Famille, joüisse de toute la felicité qui lui est promise dans ces Prédictions.

FIN.

Permis d'Imprimer. LE PESANT.

www.ingramcontent.com/pod-product-compliance
Ingram Content Group UK Ltd.
Pitfield, Milton Keynes, MK11 3LW, UK
UKHW020414220726
13923UKWH00004B/1932